DESCENTE

DES

ANGLAIS EN BRETAGNE

ET SIÉGE DE LORIENT EN 1746

PAR

M. CHARLES BOUGOUIN FILS

ARCHIVISTE DE LA SOCIÉTÉ ARCHÉOLOGIQUE DE NANTES

(Extrait du *Bulletin de la Société Archéologique de Nantes*)

NANTES
IMPRIMERIE VINCENT FOREST ET ÉMILE GRIMAUD
PLACE DU COMMERCE, 4

1870

DESCENTE DES ANGLAIS EN BRETAGNE

ET SIÉGE DE LORIENT EN 1746

> « Les Anglais remplis d'arrogance.
> » Sont venus attaquer Lorient ;
> » Mais les bas Bretons,
> » A coups de canons,
> » Les ont renvoyé
> » Jusqu'à Kerentré. »
> (*Ronde lorientaise.*)

Des recherches, qui n'avaient point de but précis, dans les cartons du *fonds Bizeul*, à la Bibliothèque publique de Nantes, nous firent découvrir, il y a quelque temps, une *Relation manuscrite et inédite de la descente des Anglais en Bretagne et du siége de Lorient en 1746* (¹). L'auteur de ce mémoire est M. Pontvallon-Hervoët, recteur de Pleucadec (²).

Nous avons également sous les yeux une copie du manuscrit de M. Barbarin, lieutenant-Maire. Nous devons cette bienveillante communication à notre ami M. Gaston Fornier. Un extrait du troisième et dernier écrit sur ce siége, dû à la plume de

---

(¹) Bibliothèque publique de Nantes. Fonds Bizeul. Carton Projets. Moyen âge.

(²) Pleucadec, département du Morbihan, arrondissement de Vannes, canton de Questembert.

M. Lemoué, dit Durand, ex-lieutenant d'infanterie, lieutenant de la garde-côtes, se trouve reproduit dans la *Chronique lorientaise* de M. Mancel, ancien préfet. Cet ouvrage, auquel nous ferons quelques emprunts, est assez peu répandu et n'existe pas à Nantes ; il a été mis à notre disposition par M. le Commissaire général de la Marine, vicomte de Beaufond [1].

Ayant eu le bonheur de rencontrer ces manuscrits, épaves intéressantes recueillies du naufrage, nous voulons aujourd'hui livrer à la publicité les détails inédits qu'ils renferment. Nous prendrons ce qu'il y a de plus saillant dans chacun d'eux et nous réunirons dans ce travail, que nous rendrons aussi complet que possible, tout ce qui se rapporte à cet épisode peu connu de notre histoire nationale [2].

Avant de commencer notre récit, donnons quelques renseignements sur la ville de *Lorient*.

Le territoire où *Lorient* devait s'élever à la fin du XVIIe siècle, faisait partie au moyen âge d'un domaine de la paroisse de *Plœmeur*, évêché de Vannes. Ce domaine, nommé primitivement *Faouët*, et plus tard *Faouët-Lisivy* ou *Faouëdic-Lisivy*, était

---

[1] Les Archives municipales de Lorient ne possèdent aucun document sur le siége de 1746.
Le *Journal historique sur les matières du temps*, par C. J., tome LX, novembre 1746, p. 395, et le *Mercure historique et politique*, relatent purement et simplement la descente et le siége.
Ogée consacre trois lignes à cette expédition dans son *Dictionnaire de Bretagne*.
[2] Quand nous écrivions ces lignes, nous ignorions complètement l'impression des manuscrits Pontvallon-Hervoët et Barbarin. Nous avons été déçu dans l'espérance d'en donner la primeur. Ces deux écrits furent publiés, mais sans commentaires : le premier, par M. l'abbé Marot, curé de Rochefort-en-Terre, dans le *Bulletin de la Société polymathique du Morbihan* (1860, pp. 6-11) ; — le second, par notre cher et regretté collègue, M. Charles du Chalard, dans la *Revue de Bretagne et de Vendée* (2e série, tome IV, 1863, p. 169). Notre communication n'étant plus inédite en aura moins d'intérêt, mais elle aura le mérite de grouper dans quelques pages tout ce qui a été dit sur la descente des Anglais en Bretagne.

compris dans la juridiction féodale de l'importante seigneurie de *Tréfaven.*

Quelques écrivains ont prétendu que le mot *Lorient* venait de *Loc-Roch-Yan* (le *lieu de la Roche Jean*), château bâti sur un rocher baigné par la rivière du *Scorf.* Au premier abord, cette supposition paraît assez plausible ; mais ce nom ressort évidemment de la *Compagnie des Indes*, autrement dite *Compagnie d'Orient* ou *de l'Orient.*

La Compagnie des Indes, constituée par lettres patentes de Louis XIV, en date du 26 mai 1664, obtint la permission de créer des entrepôts en Bretagne, par ordonnance du même roi, en date, au palais de Fontainebleau, du mois de juin 1666. Elle s'établit d'une manière définitive en 1719, au fond de la baie de *Saint-Louis,* sur la rivière du *Scorf* et près du *Blavet* ([1]).

D'immenses magasins, des hangars, des maisons, des casernes, une église, un hôpital, des murailles fortifiées et une tour d'observation furent rapidement élevés ; un chantier de constructions navales fut fondé ; ingénieurs, officiers, marins et ouvriers arrivèrent en foule et se mirent promptement à l'œuvre. Aussi, en moins de trente ans, grâce à sa situation, grâce à l'une des plus belles rades de la France, la lande stérile devint une ville active et florissante, petite, il est vrai, par le nombre de ses habitants, mais grande déjà par son commerce, son industrie et ses relations étendues. L'édit de Versailles de juin 1738 l'érigea en corps de communauté et lui conféra le droit de représentation aux Etats. Elle avait pour devise : « *Ab oriente refulget.* »

La Compagnie des Indes, qui, pendant de longues années, fit la puissance de Lorient, était elle-même une puissance formidable, qui portait cette fière devise : « *Florebo quocumque* » *ferar,* avec des armes au globe d'azur chargé d'une fleur de » lis d'or. »

---

[1] Voir l'*Histoire de la Compagnie des Indes,* par M. du Fresne de Francheville.

L'Angleterre avait vu d'un œil jaloux la transformation subite de la lande bretonne et elle avait suivi avec une profonde inquiétude les progrès rapides de la jeune cité. L'établissement d'un port militaire mit le comble à ses craintes. C'en était assez pour que cette nation envieuse, ennemie éternelle de notre pays, entreprît de détruire la ville naissante.

C'était pendant la guerre de la *succession d'Autriche* (1741-48). Le maréchal de Maillebois se voyait enlever, après les avoir conquises, les possessions autrichiennes d'Italie (1745-46). Le maréchal de Saxe triomphait du duc de Cumberland à la mémorable journée de *Fontenoy* (mai 1745), s'emparait de la Flandre et gagnait la bataille de *Rocoux*. Le prétendant Charles-Édouard, fils de Jacques III, qui était déjà aux portes de Londres, rentrait en France, après la défaite que le fils de Georges III lui avait fait essuyer au fameux combat de *Culloden*. Le traité d'*Aix-la-Chapelle* devait terminer la guerre.

L'automne de l'année 1746 venait de commencer. La saison n'effraya pas notre voisine d'outre-Manche, qui pensait, non sans raison, que l'expédition devait être de courte durée. Le moment était d'ailleurs bien choisi, car les remparts de Lorient n'étaient pas encore terminés et les armées françaises guerroyaient en Europe.

« Les nouvelles publiques annonçoient qu'on faisoit en Angle-
» terre un armement considérable pour une expédition secrète,
» mais l'idée générale le destinoit pour tout autre endroit que
» pour les côtes de Bretagne, à cause de la saison avancée, qui
» les rend ordinairement dangereuses ([1]). »

La Bretagne jouissait de la plus parfaite tranquillité et ne songeait nullement à voir le pavillon anglais flotter sur ses rivages. L'apparition de bâtiments de guerre n'aurait même causé aucune frayeur, on les eût pris pour la flotte du lieutenant-général des

---

([1]) Manuscrit Pontvallon-Hervoët.

armées navales, comte de Macnemara (¹), qu'on attendait d'un jour à l'autre dans ces parages.

« Cependant, le mercredi 28 septembre on eut des avis que
» quelques vaisseaux paroissoient dans les dehors des isles de
» *Groix* et de *Belle-Isle;* mais comme on étoit dans l'attente de
» quelques vaisseaux de l'escadre de M. Macmemara, on crut que
» c'étoit ces vaisseaux. Le lendemain on découvrit à la pointe
» de l'ouest de l'isle de *Groix* 22 navires. On ne s'en étonna pas
» davantage et on crut toujours que les vaisseaux qu'on atten-
» doit pouvoient avoir des bâtiments sous leur convoi.
» Le 30, dès le matin, le nombre des vaisseaux avoit aug-
» menté jusqu'à 54, et, sur le midi, on eut des avis qu'ils
» étoient anglois et qu'ils avoient mouillé vis-à-vis de l'anse du
» *Loc*, entre la rivière de *Quimper-Lé,* autrement dit le *Pont-du*
» *(Pouldu)* et le *Talud (Talut)* et qu'ils faisoient des disposi-
» tions pour mettre à terre (²). »

M. Barbarin signale seulement la présence de 52 voiles et M. Mancel de 50.

C'était bien en effet l'escadre anglaise, commandée par le contre-amiral Lestock. Elle était partie le 26 septembre du port de Plymouth. Le corps expéditionnaire qui se trouvait à bord, était placé sous les ordres du lieutenant-général Jacques de Saint-Clair (³).

« On vit même 3 à 4 frégates qui sondoient le long de la côte
» cette manœuvre ne laissa plus lieu de douter que l'ennemi ne
» voulût tenter une descente et on commença à donner des or-
» dres nécessaires pour se précautionner contre cette entreprise
» aussi peu attendue (⁴). »

(¹) Grand'croix de l'ordre royal et militaire de Saint-Louis, chef d'escadre le 1ᵉʳ avril 1748, mort vice-amiral, à Rochefort, le 18 octobre 1756, remplacé par le marquis de Conflans-Brienne, lieutenant-généra des armées navales.
(²) Manuscrit Pontvallon-Hervoët.
(³) Nommé à tort Synclair ou Sinclair.
(⁴) Manuscrit Barbarin.

Cette reconnaissance démontra qu'il serait à la fois imprudent et difficile d'engager une attaque de front, à cause de la disposition de la place et des batteries qui protégeaient la côte. C'était s'exposer à un échec presque inévitable. Aussi Lestock, après avoir pris conseil de ses officiers, se dirigea-t-il vers la baie du *Pouldu*, située à trois lieues de Lorient.

A la vue de la flotte anglaise, le 30 septembre au matin, dans les eaux de *Quimperlé*, les populations du littoral courent aux armes.

> Vous surtout, belliqueuse race
> Des fiers enfans du Morbihan,
> Montrez-nous encor cette audace
> Qui brava César triomphant!
> Vos ancêtres, dans les alarmes,
> Sentaient s'accroître leur valeur,
> Braves comme eux, volez aux armes,
> Pour sauver la France et l'honneur (¹)!

Le tocsin sonne de toutes parts; les courriers sillonnent le pays; les officiers de la garde-côtes (²) rassemblent leurs soldats; les milices (³) des environs se réunissent (celle d'Hennebont arriva pendant la nuit). Les grenadiers de M. de Bessan, troupe entre-

---

(¹) Appel aux Bretons. Chant patriotique.

(²) L'origine des gardes-côtes remonte à 1688. Ce corps fut créé pour la défense des pays maritimes et recruté parmi les habitants non classés du littoral dans une zône de deux lieues. Avant, ces milices étaient connues sous le nom d'*habitants des paroisses sujets aux guets de la mer* (mémoire historique sur les milices gardes-côtes, par David. 1763. Manuscrit du dépôt de la guerre). En 1746, chaque généralité comprenait plusieurs capitaineries, commandées par un capitaine-général, un major et un aide-major. Elles relevaient de l'amirauté. Les canonniers gardes-côtes étaient chargés des batteries et des signaux. Ils étaient au nombre de 21,620 hommes, formant 102 divisions et 418 compagnies. — L'uniforme était : habit blanc, parements et collet bleus, boutons plats de cuivre jaune, chapeau bordé de laine blanche, pour les gardes-côtes; — parements et bordure en laine jaune pour les canonniers.

(³) Les milices furent établies dans chaque province par ordonnance du 25 février 1726. Les régiments portaient le nom du colonel, les bataillons celui du commandant.

tenue pour le service de la Compagnie des Indes et forte de 400 hommes, n'attendent que l'ordre du départ. « Le bataillon, formé » des ouvriers du port, composé de 7 compagnies, sçavoir : » une de volontaires qui étoit de 60 hommes, 6 de 50 hommes » chacune et 4 détachements de 25 hommes, faisoient un corps » d'environ 450 hommes commandés par des employés ([1]). » (Ce bataillon était de 600 hommes, selon M. Barbarin.) Le colonel de l'Hôpital ([2]) marcha au secours des gardes-côtes avec 400 dragons de son régiment. Soldats, paysans et bourgeois veillèrent sous les armes, campés dans les magasins de la Compagnie et prêts à marcher au premier signal. Mais, dit M. Barbarin, « il n'y eut point d'événement plus considérable » cette nuit-là et l'alarme ne parut pas aussi grande qu'elle dût » être. »

Le lendemain matin, une compagnie du régiment de M. le colonel de cavalerie marquis d'Heudicourt ([3]), arriva à Lorient et fut immédiatement envoyée vers la côte.

Le 1ᵉʳ octobre, à la pointe du jour, des chaloupes sondèrent dans toutes les directions. Il n'était plus alors possible de se faire illusion sur les intentions de l'ennemi.

« Enfin, à midi, à la mer haute, les Anglais firent avancer 6

([1]) Manuscrit Pontvallon-Hervoët.

([2]) Jacques-Raymond Galluccio, marquis de l'Hôpital, comte de Saint-Mesme, noble napolitain, colonel de dragons, premier écuyer de Mᵐᵉ Adélaïde, ambassadeur extraordinaire de S. M. auprès du roi des Deux-Siciles, chevalier des ordres du Saint-Esprit, de Saint-Michel, de Saint-Lazare, de Saint-Janvier de Naples, devenu lieutenant-général et inspecteur général de la cavalerie et des dragons.

([3]) Le régiment de cavalerie d'Heudicourt (et non Dudricourt ou D'Haudricourt) se nommait de Montauban à sa création, de Beringhen en 1672, de Livry en 1676, de Clermont-d'Amboise en 1689, de Bartilhac en 1702, de Lenoncourt en 1706 et d'Heudicourt en 1735. Il se composait de 2 escadrons, 20 officiers et 320 hommes. L'uniforme était : habit blanc, revers et parements rouges. Le colonel marquis d'Heudicourt donna sa démission en 1748. Il fut remplacé par le comte de Lenoncourt, capitaine de son régiment. (*Journal historique sur les matières du temps*, par C. J., t. LXIII, mars 1748, art. VI, § III.)

» frégates proche un endroit nommé le *Loch*, entre le *Pontdu*
» *(Pouldu)* et le *Talut*, et à la faveur du feu continuel de leurs
» canons, ils mirent à la mer plusieurs chaloupes et bateaux,
» 2 rats dans lesquels ils mirent toutes leurs troupes. Il y
» avait aussi des bateaux armés de petits canons montés en
» forme de pierriers, qui joints aux frégates, tirèrent, en moins
» d'une heure, 200 coups de canons. Ce feu continuel força nos
» troupes de reculer et les mirent hors d'état de pouvoir se
» servir de leur mousqueterie, de sorte que les Anglais débar-
» quèrent au *Loch*, sans perdre un seul homme et se rangèrent
» en bataille à mesure qu'ils mettaient pied à terre (¹). »

« La 1ʳᵉ descente que firent les Anglois pouvoit être, suivant
» le rapport des déserteurs, d'environ 5,000 hommes,

» Sçavoir :

» Le régiment de Rocheven, de	1,000
» Les montagnards de l'Ecosse	1,000
» Le Brech	700
» Le Leviston	700
» Le Frass-Tune	700
» Le Haut-Favet	700
» Total	4,800

» et quelques volontaires (²). »

L'opération était achevée sur les deux heures de l'après-midi. Le lendemain, il y eut une seconde descente d'environ 2,400 hommes de troupes de marine avec leur artillerie.

Le lieutenant-général de Saint-Clair lança alors la proclamation suivante, en date, au camp de la rivière de Quimperlé, du 29 septembre :

« Nous, Jacques de Saint-Clair, lieutenant-général des armées
» du roy de la grande Bretagne, commandant en chef les troupes
» britanniques,
» A tous les gouverneurs, intendants de province et autres

(¹) Manuscrit Barbarin.
(²) Manuscrit Pontvallon-Hervoët.

» officiers de quelque qualité qu'ils puissent être, à tous magis-
» trats et autres habitans de cette ville, bourgs et villages ;
» Faisons sçavoir que le roy notre maître, dans la poursuite de
» cette guerre si juste et si nécessaire de sa part, nous ayant
» ordonné de faire une descente en France, nous jugeons à pro-
» pos, à notre premier abord ici, de déclarer que notre ferme
» intention est de faire sentir en particulier le moins qu'il nous
» sera possible les malheurs de la guerre que vous pouvez sen-
» tir. A cet effet, nous ferons rigoureusement observer à nos
» troupes la plus exacte discipline, de sorte que la marode ny le
» pillage ne leur sera aucunement permis, que nonobstant que
» nous sommes inévitablement obligé de nous servir pour le
» présent des cheveaux et bestiaux et charieaux du pays pour la
» commodité de l'armée, les habitants doivent se rassurer dans
» la confiance entière que les vivres et les provisions de toute
» espèce que l'on apportera au camp, leur seront régulièrement
» payés par les troupes, à l'exception cependant de ce qui se
» fournira en conséquence des conventions qui se peuvent faire
» si-après entre nous et les mag trats et autres par les provinces
» par les quelles l'armée prendra sa route ; mais si aucun des
» habitants néglige la présente déclaration de nos bonnes inten-
» tions à leur égard, ou prend les armes dans la vaine espé-
» rance de nous faire opposition, ou si en secret on nous assas-
» sinait quelques soldats de S. M. Britannique, s'ils abandonnaient
» leurs maisons ou manqueraient d'apporter journellement des
» vivres pour vendre au camp, que l'on sache qu'alors nous ne
» manquerons pas de les châtier de la manière convenable en
» les passant au fil de l'épée et faisant désoler leurs pays, réduire
» leurs villes, bourgs et villages et maisons de campagne en
» cendres. En foi de quoi nous avons signé le présent de notre
» main et j'y ai posé le cachet de nos armes. Donné au camp de
» l'embouchure de Quimperlé, le 29 septembre 1746. (Signé :)
» Jacques DE SAINT-CLAIR. Par ordre de son Excellence, DAVID.
» Autour du cachet : *Fightand Faith* ([1]). »

([1]) Ce document est inédit. Communiqué par M. Fornier.

Les Anglais étaient 5 ou 6,000. Nos forces, sur le lieu du débarquement, se composaient de 1,400 hommes tout au plus : quatre compagnies de cavalerie, 900 gardes-côtes et quelques paysans. Les dragons, commandés par leur colonel, le marquis de l'Hôpital, étaient rangés en bataille dans un repli de terrain, derrière une petite éminence, à un quart de lieue du rivage. Les officiers de la garde-côtes, dont le courage est au-dessus de tout éloge, se présentèrent pour « disputer la descente. » Mais la falaise n'étant en cet endroit protégée par aucune fortification et le feu de l'artillerie ennemie labourant le sable à chaque instant, « presque tous nos paysans se débandèrent et tournèrent le
» dos ([1]). » — « Etant abandonnés et les dragons ne voulant
» pas mettre pied à terre pour les soutenir, on fut obligé de se
» replier sur les dragons, dont le colonel étoit commandant en
» chef, ayant reçu l'ordre de M. Deschamps, lieutenant de roi
» au gouvernement du Port-Louis........ Le parti qui restoit
» donc à prendre étoit de disputer l'entrée à l'ennemi et tout le
» favorisoit : les fossés extrêmement hauts et fourrés, les défilés
» faciles à garder. Quelques officiers des gardes-côtes se propo-
» sèrent, à plusieurs reprises, à M. de l'Hospital, qui répondit
» que Lorient étant son objet, il alloit s'y retirer et entraîna
» ainsi les milices qui, en effet, y arrivèrent environ les 6 à 7
» heures du soir ([2]). »

Le colonel de l'Hôpital n'avait ni artillerie, ni munitions, pas une bombarde, pas un seul caisson ; son infanterie n'était point nombreuse ; les paysans formaient un corps sur la solidité duquel il était inutile de compter ; — nous venons d'en avoir à l'instant même une preuve suffisante ; — les difficultés du terrain rendaient impossible l'action de la cavalerie ; nos forces étaient bien inférieures en nombre à celles de l'ennemi ; on peut dire qu'ils étaient 900 contre 6,000, près de 7 contre 1. Engager la lutte dans de semblables conditions eût été folie et

---

([1]) Manuscrit Barbarin.
([2]) Manuscrit Pontvallon-Hervoët.

danger. D'ailleurs, la mission du colonel de l'Hôpital n'était point de combattre, mais de faire une reconnaissance pure et simple, de surveiller et d'examiner les mouvements du général de Saint-Clair, enfin de l'attirer sous les murs de la ville de Lorient, où la défense s'organisait et où tout semblait assuré pour déjouer cette tentative audacieuse. C'est ce que fit notre commandant en chef, en opérant sa retraite d'après les ordres formels qu'il avait reçus.

Les chemins étant libres, l'armée anglaise s'ébranla aussitôt et s'avança en bataillons serrés sur les traces des nôtres.

« Cette armée marcha sur deux colonnes, l'une sur une maison
» de campagne nommée *le Coëdor*, où il y a un bois assez épais;
» l'autre, sur le bourg de *Guidel*, distant de Lorient d'environ
» deux lieues, et ne commirent aucun désordre. Dans la marche
» de la colonne qui marchoit sur *Guidel*, un détachement d'en-
» viron 300 hommes de la garde-côtes de *Conc-ar-neau* fit
» quelques décharges en se retirant de fossés en fossés, assez
» près sur cette colonne; mais comme elle ne pouvoit pas résister
» à la supériorité des forces de l'ennemi, il se retira sans avoir
» perdu un seul homme ([1]). »

Les Anglais s'étant emparés de *Guidel*, y établirent un poste d'une centaine d'hommes seulement. « Leur confiance était si
» grande, dit M. Mancel, que le général Synclair, le colonel-
» major, deux autres colonels et vingt-cinq à trente officiers y
» prirent leur logement avec cette faible garde: ils faillirent le
» payer cher.

» Cinq à six cents paysans des environs s'étaient armés à la
» hâte de fusils et de fourches: conduits par un sergent de mi-
» lice, ils vinrent résolûment attaquer ce détachement, l'obli-
» gèrent à se retrancher dans le cimetière, et, l'y ayant cerné,
» le forcèrent à se réfugier dans l'église, emmenant avec eux le
» curé. Le sergent voulait qu'on y mît le feu, et déjà les plus

---

([1]) Manuscrit Pontvallon-Hervoët.

» déterminés amoncelaient les fagots pris au presbytère ; mais la
» masse s'y opposa : il fallait brûler leur église et peut-être leur
» curé que les Anglais y avaient renfermé comme otage ; à leurs
» yeux, c'eût été un sacrilége ; ils se retirèrent sur *Quéven*,
» contents de leur victoire, et le reste des troupes survenant le
» matin, délivra le général dont la prise ou la mort eût pu ter-
» miner de suite cette tentative.

» Le dimanche (2 octobre), les Anglais s'avancèrent jusqu'à
» *Plœmeur* ; les habitants, retranchés dans le cimetière, vou-
» lurent se défendre ; ils furent débusqués, et l'ennemi, pour se
» venger, n'épargna pas même l'église, où tout fut brisé ([1]). »

Le manuscrit Barbarin passe ces faits sous silence. D'après M. Pontvallon-Hervoët, les Anglais « ne commirent aucun désordre. » M. Lemoué ne nous semble pas de cet avis ; il nous les montre au contraire sous un jour bien différent, au pillage du sanctuaire de Plœmeur.

Dans l'après-midi du même jour, 2 octobre, les ennemis arrivèrent dans la plaine de *Lanveur* et campèrent sur la hauteur du *Moulin des Montagnes*, « d'où ils découvroient la partie du sud
» de la ville et les magasins de la Compagnie ([2]). »

« Après midi, on fit sortir cent paysans, soutenus d'un déta-
» chement de dragons et de la cavalerie pour aller reconnaître
» l'ennemi. Les nôtres rencontrèrent un pareil détachement
» anglais, et il se fit entre les deux partis plusieurs décharges
» de mousqueterie, mais de si loin qu'on pense qu'elles furent
» sans effet de part et d'autre, et nos troupes revinrent tran-
» quillement à la ville sans être inquiétées dans leur retraite ([3]). »

Depuis l'arrivée de la flotte britannique, Lorient se préparait à la défense. Habitants et soldats étaient animés du meilleur esprit et résolus à combattre ; tous rivalisaient de zèle, tous étaient prêts aux plus grands sacrifices de sang et d'argent.

([1]) *Chronique lorientaise*, par M. Mancel.
([2]) Manuscrit Pontvallon-Hervoët.
([3]) Manuscrit Barbarin.

Une activité fébrile régnait dans la ville. On fortifia à la hâte et aussi bien qu'il fut possible les parties encore inachevées des murailles. 4,000 hommes exécutaient ces travaux sous l'habile direction de MM. Vignon et Guillois, architectes, et de M. Saint-Pierre, ingénieur de la ville et de la Compagnie des Indes.

80 pièces de canons et 3 mortiers, renfermés à l'arsenal, furent amenés sur les remparts et braqués sur les collines de *Lanveur*. Les batteries avaient d'excellents servants et pointeurs; les soldats étaient bien armés; de nombreux dépôts de munitions étaient établis sur les courtines. « On plaça des échafauds le
» long des murs pour doubler la mousqueterie et plusieurs pièces
» de canons, surtout 2 couleuvrines sur la terrasse du jardin du
» sieur Pierre (M. de Saint-Pierre) de 20 livres de balles ([1]). »
— « On mit le feu à toutes les maisons de la ville où l'ennemi
» pouvait se retrancher ([2]). »

Le recteur de Pleucadec donne sur la position des troupes les intéressants renseignements qui suivent et que les autres relations ne contiennent pas :

« La compagnie de Bessan sortit de l'enclos (terrain renfer-
» mant les établissements de la Compagnie des Indes) et fut se
» placer derrière les murs de la ville, avec les bourgeois et les
» gardes-côtes. Le bataillon des ouvriers du port sortit égale-
» ment. La compagnie des volontaires eut ordre de se porter
» avec 50 hommes de détachement sur le bord du marais nommé
» de la *Mâture*, qui se trouvoit à sec dans presque toutes ses
» parties à cause d'une digue qu'on y fait pour faire un dépost
» des bois de construction, et que les marées ne rapportant
» point, l'eau ne pouvoit y entrer. Vis-à-vis, dans le Nord, est
» un bois assez fourré nommé le *Favouedic;* à la droite de la
» ville est le grand chemin ou levée qui conduit du passage de
» *Saint-Christophe* à la ville par la grande porte, et, sur la gauche
» la rivière qui descend de *Pontscorf (Pont-Scorff)*. A une portée

---

([1]) Manuscrit Pontvallon-Hervoët.
([2]) Manuscrit Barbarin.

» de carabine derrière, sur la même rivière, est le château de
» *Tré-faven* qui sert de poudrière à la Compagnie, et un bois de
» haute futaye joignant ledit château.

» Le détachement des ouvriers et autres compagnies furent
» placés à la grande porte de la ville, nouvellement bâtie et qui
» n'en avoit point, mais que j'ai vu placer depuis. A côté, dans
» la partie droite, le mur n'étoit point encore fini; on travailla
» à se retrancher du mieux qu'il fut possible.........

» Les milices bourgeoises d'Hennebont s'étoient rendues à Lo-
» rient dès le 2 au matin. Les hommes de celles de Rennes fu-
» rent détachés du *Port-Louis* et entrèrent par le port sur les
» 9 heures du soir. Il étoit aussi arrivé quelques autres compa-
» gnies de dragons et de cavaliers du régiment d'Haudricourt des
» quartiers les plus prochains. Comme la porte du marais entre
» la boulangerie et le bois du *Favoedic* étoit le plus sans défense,
» dès le matin du 2, celui qui en avoit la garde, fit des repré-
» sentations à ce sujet. On y envoya 100 paysans pour se retran-
» cher sur le bord du quai de ladite boulangerie et on abandonna
» le bord du marais, où est le dépost des bois de la Compagnie
» pour le chauffage des fours. Il y fit placer 7 pièces de canons,
» tant pour battre en plein ledit marais qu'enfiler les 2 côtés de
» la digue, et le soir du même jour on y envoya une compa-
» gnie de milice de 100 hommes.

» A mesure que les milices arrivoient, on visitoit leurs armes
» et on en fournissoit des magasins de la Compagnie et des muni-
» tions. Le 2 au soir on pouvoit compter à Lorient environ 5 à
» 6,000 hommes. Le même jour on fit quelques sorties sans
» effet ([1]). »

Le lundi 3 octobre « vers les 10 heures du matin (sur les
» 2 heures 1/2 de l'après-midi selon M. Pontvallon-Hervoët), un
» officier anglais portant un drapeau et accompagné d'un tambour,
» se présenta à la petite porte de la ville et demanda à parler au

---

([1]) Manuscrit Pontvallon-Hervoët.

» commandant de la place de la part de milord Saint-Clair,
» général de l'armée anglaise. On lui banda les yeux et l'ayant
» fait entrer dans la ville par la grande porte, on le conduisit
» chez M. de l'Hospital qui commandait alors. Cet officier demanda
» que l'on eut à remettre la ville de Lorient au roi d'Angleterre,
» son maître, attendu qu'il savait qu'elle était sans défense et
» hors d'état de soutenir un siége et demanda que l'on la lui
» rendît à discrétion; faute de quoi il proteste de la prendre de
» force et lui faire subir tous les malheurs de la guerre, mena-
» çant par là de faire passer au fil de l'épée toutes les garnisons
» qui s'y seraient trouvées ([1]). »

M. de l'Hôpital, ne voulant pas prendre sur lui la responsabilité d'une réponse aussi importante, fit aussitôt assembler le conseil de guerre, dont les membres, pour la plupart, ne partageaient pas l'enthousiasme guerrier et l'ardeur de la population. Quelques-uns osèrent émettre l'avis d'une capitulation. Mais heureusement les paroles énergiques, les reproches justement mérités de MM. Duvalaër et de Godeheu, le patriotisme dont firent preuve ces deux honorables directeurs de la Compagnie des Indes, empêchèrent ou plutôt ajournèrent l'exécution de ce projet et relevèrent les courages abattus.

On envoya sans retard une députation au camp du *Moulin des Montagnes*. Les ambassadeurs étaient :

1° M. Pérault, maire de Lorient;

2° M. Philippe de Godeheu, directeur de la Compagnie des Indes, député au conseil de commerce pour la province de Normandie;

3° M. de Montigny, procureur du roi près la communauté;

4° Un officier de cavalerie;

5° M. le major du régiment de l'Hôpital-Dragons.

« Le général Synclair étant absent, dit M. Mancel, on convint
» d'une suspension d'armes et on remit l'entrevue au lendemain,
» sept heures du matin.

([1]) Manuscrit Barbarin.

Les deux autres manuscrits, qui sont beaucoup plus complets que la relation de M. Lemoué, constatent au contraire la présence du commandant anglais lors de l'arrivée de nos députés et rendent compte des négociations.

« Ces messieurs répondirent à milord Saint-Clair que la ville
» n'était pas dépourvue de défenses ; ils le pensaient et ne pou-
» vaient, sans manquer à leur roi, à leur prince et à leur hon-
» neur, lui remettre la ville ; que cependant on lui offrait
» 300,000 ♯, s'il voulait se retirer. Ce discours fut reçu avec
» beaucoup de hauteur de la part du général. Il fit à ces mes-
» sieurs les mêmes propositions que son officier avait faites ; mais
» après plusieurs discours, on convint d'une suspension d'armes
» jusqu'au lendemain matin, sept heures, le général ayant donné
» ce temps à la ville pour faire ses réflexions (¹). »

Les députés prirent alors congé de M. de Saint-Clair et revinrent à Lorient.

Cette courte trêve fut mise à profit par les assiégés. Les travaux furent poursuivis activement ; le marquis de Tinténiac (²), aide-de-camp du comte de Volvire, le chevalier de Kermain et une foule d'autres déployaient le zèle le plus admirable ; le comte de Kersalarun amenait les paysans du bourg de Quéven ; tous demandaient à combattre et se préparaient à une résistance opiniâtre.

« Pendant la suspension d'armes, M. de l'Hospital fit publier
» une défense de tirer sur l'ennemi, quand il viendroit au bout
» du fusil, sous peine de la vie.
» Dans cet intervalle, M. de Villeneuve, major du gouverne-
» ment du Port-Louis, se rendit à Lorient et prétendit que le
» commandement devait lui appartenir. Il fit la disposition pour
» une sortie générale, mais son sentiment trouva de l'opposi-
» tion, de même que pour le commandement. Ainsi il se retira
» au Port-Louis (³). »

(¹) Manuscrit Barbarin.
(²) Un de ses ancêtres était au combat des Trente.
(³) Manuscrit Pontvallon-Hervoët.

« A midi arriva M. Dudricourt (d'Heudicourt), qui était le plus
» ancien brigadier. Il prit le commandement. Il arriva aussi deux
» compagnies de son régiment et une de l'Hospital. A la faveur
» de cette trève, le reste du jour et la nuit furent tranquilles.
» Le 4, à sept heures du matin, (à l'expiration de l'armis-
» tice) les mêmes députés retournèrent au camp du général
» anglais, et sans faire mention de la proposition qu'ils avaient
» rejetée la veille, on lui déclara que la ville était dans la réso-
» lution de se défendre jusqu'à la dernière extrémité et de lui
» disputer le terrain pieds à pieds. Le général répliqua à ces
» messieurs *qu'il aurait le plaisir de leur donner à souper le*
» *lendemain à Lorient* (¹). »

Cette fière réponse, qui, Dieu merci, ne devait pas se réaliser, mit fin aux négociations et ne produisit pas sur nos envoyés l'effet que Saint-Clair en attendait. Il croyait les intimider par ce langage et les amener facilement à lui livrer à discrétion la place de Lorient. Mais il oubliait qu'il s'adressait à de vrais Bretons, qui ne courbèrent pas le front devant ses insolentes paroles. Car, sur ce noble sol d'Armorique, l'homme, solide comme le granit de ses rochers, reçoit, en recevant la vie, une âme courageuse et fortement trempée. Nos annales sont riches d'héroïsme et de gloire, et n'ont rien à envier aux plus belles pages des autres nations.

La trève étant rompue, « l'après-midi on fit une sortie d'en-
» viron cent cinquante paysans, soutenus de la compagnie des
» grenadiers de Bessan et d'une compagnie de dragons à pieds.
» Il y eut une légère escarmouche entre les Anglais et les nôtres;
» nous y perdîmes trois hommes, et les Anglais environ vingt.
» L'action eût été plus vive, si les paysans, qui tournaient le dos,
» n'eurent pas poussé les dragons et les grenadiers de rentrer en
» bon ordre dans la ville (²). ».

(¹) Manuscrit Barbarin.
(²) Manuscrit Barbarin.

Le 4, sur les six heures du soir, arrivèrent le comte de Volvire, maréchal des camps et armées du roi, commandant en Bretagne; — il était au Port-Louis depuis la veille ; — M. de la Berraye, capitaine-général de la garde-côtes de Lorient ; et à neuf heures, soixante gentilshommes de Vannes, sous la conduite du comte de Rochefort, suivis, quelques heures plus tard, de cinquante volontaires de la même ville, « qui eurent ordre de venir » renforcer la porte de la Boulangerie (¹). »

Le comte de Volvire visita immédiatement les remparts, parcourut les fortifications, passa en revue les troupes, dont il enflamma le courage par d'énergiques paroles. Il demanda un compte exact de l'état de la place, des forces et des faiblesses de la défense. M. Mancel dit que « non-seulement il repoussa les » offres de sortie, mais quarante gentilshommes et autant de » volontaires étant arrivés le 4 au soir, il les renvoya à Vannes » pour rejoindre l'arrière-ban (²). » Ce fait nous semble inexact et nous devons le rétablir dans toute sa vérité. Les gentilshommes de Vannes furent renvoyés, il est vrai ; mais ils ne le furent que le lendemain et pour un motif autrement noble que celui indiqué par l'auteur de la *Chronique lorientaise*. Arrivés dans la soirée du 4, ces braves jeunes gens passèrent la nuit sous les armes, et le 5, sur l'invitation du comte de Volvire, ils partirent pour la « défense de leur propre pays. »

Voici, en effet, ce que nous lisons dans le manuscrit de M. Barbarin, d'accord avec celui de M. le recteur de Pleucadec.

« Le 5 au matin, il courut ici un bruit que 6 vaisseaux cher» chaient à faire une descente à *Locmariaquer*, qui est du côté » de *Vannes* et d'*Auray*. Cette nouvelle détermina notre com» mandant à renvoyer la noblesse de ces cantons, étant naturel » qu'ils allassent à la défense de leur propre pays, et après avoir » donné tous les ordres nécessaires contre tout événement, il » partit pour aller au Port-Louis prendre des mesures avec le

---

(¹) Manuscrit Pontvallon-Hervoët.
(²) *Chronique lorientaise*, par M. Mancel.

» gouverneur, tant pour la sûreté de cette place que pour ce
» qui regardait celle-cy (¹). »

M. Pontvallon-Hervoët raconte ce fait dans les termes suivants :

« Le lendemain 5, environ les 6 heures du matin, M. de Vol-
» vire se rendit au Port-Louis et une heure après la noblesse et
» les volontaires de Vannes eurent ordre de le suivre sur l'avis
» que 4 vaisseaux de guerre anglois et 2 frégates venoient de
» mouiller à Quiberon (²). »

Nous ne voyons pas qu'il y ait lieu de blâmer le comte de Volvire; nous ne pouvons au contraire que le louer de cette détermination.

« L'après-midi on s'apperçut que l'ennemi faisait lever une
» batterie de canons à l'entrée de la lande de *Keroman* (³), qui
» n'est éloignée de la ville que de 2 portées de fusils. L'éléva-
» tion du lieu les mettait en état de battre toute la ville, ce qui
» fit que l'on fit servir toutes les batteries de la ville qui se trou-
» vaient de ce côté là. Le canon fut servi à merveille. On fit
» cette même journée une sortie, mais avec si peu d'effets que
» la précédente et quelque chose que l'on put faire, ils parvinrent
» à mettre 4 pièces de canon de 12 en état de tirer ; ils avaient
» aussi un mortier à bombes.

» La nuit étant venue, notre canon cessa ; il ne se passa rien
» de plus extraordinaire. M. le comte de Voleville (Volvire) arriva
» du Port-Louis... (⁴). »

D'après M. Pontvallon-Hervoët, l'inutilité de cette sortie doit être attribuée à l'inaction de la cavalerie et à l'impéritie du chef qui la commandait. « On fit, dit-il, une sortie des troupes

---

(¹) Manuscrit Barbarin.
(²) Manuscrit Pontvallon-Hervoët.
(³) Ce lieu a longtemps conservé le nom de *batterie des Anglais*, dit M. Mancel.
(⁴) Manuscrit Barbarin.

» réglées et milices, mais mal conduite. Les cavaliers et dragons
» ne voulurent pas s'exposer. »

Le 1ᵉʳ octobre, on se le rappelle, les paysans bretons avaient attaqué l'avant-garde anglaise au bourg de *Guidel*. Le 5, une seconde rencontre eut lieu au même endroit, entre les nôtres et l'arrière-garde ennemie : « Il y eut une attaque faite par une partie
» des milices gardes-côtes, au bourg de *Guidel*, où les ennemis
» avoient laissé un corps de 500 hommes. Sur les 5 heures, les
» gardes-côtes attaquèrent le presbytère, où il y avoit nombre
» d'officiers et les forcèrent à se retirer dans l'église où ils
» avoient eu la précaution de se retrancher. On auroit bien pu
» mettre le feu à l'église, mais la religion les en empêcha....

» Le 6, sur les 8 à 9 heures du matin, les ennemis qui avoient
» descendu dans la lande de *Ker-roman*, placèrent une batterie
» de 4 canons de 12 livres de balles et un mortier de 9 pouces
» 4 de diamètre, commencèrent à tirer sur la ville quelques
» bombes et boulets ardents sans beaucoup d'effet. Nos batte-
» ries furent servies avec une activité étonnante et les désoloient
» entièrement (¹). »

« L'après-midi on fit une sortie composée de 300 hommes,
» tant des milices de la campagne que des grenadiers de Bessan
» et des dragons. Les ennemis en pareil nombre s'avancèrent
» dans la lande de *Keroman*, à 10 de front, et firent une dé-
» charge sur les nôtres qui répondirent également. Mais la bat-
» terie de Saint-Pierre et du quai (des quais *Orry* et *Bonet*)
» tirèrent si à-propos et si juste que l'ennemi fut obligé de se
» replier et de se retrancher derrière leurs canons. Nos troupes
» avancèrent en faisant des décharges; mais n'étant pas en assez
» grand nombre pour foncer, ils furent contraints de rentrer
» dans la ville; nous perdîmes un seul homme dans cette affaire
» et on a lieu de penser que l'ennemi n'en fut pas quitté à si
» bon marché. Il y eut un major anglais (²) tué dans cette

(¹) Manuscrit Pontvallon-Hervoët.
(²) Cet officier était le neveu du contre-amiral Lestock.

» affaire. Le feu du canon dura de part et d'autre jusqu'à la
» nuit... (¹).

Le comte de Volvire, selon M. Mancel, « repoussa les offres
» de sortie. » L'activité déployée par cet officier dans l'organisation de la défense empêche qu'on attribue cette manière d'agir, à supposer qu'elle soit exacte, à tout motif honteux ; les textes que nous venons de citer complètent la justification du comte de Volvire en cette circonstance et réduisent à néant l'assertion qui précède.

« Le 7, à deux heures du matin, les gardes de Concarneau,
» sous les ordres de M. de Kersalarun, entrèrent à Lorient au
» nombre de 2,000 hommes. Alors il y avoit dans la ville 14 à
» 15,000 hommes, compris 600 cavaliers et dragons (²). »

« Le 7, dès le grand matin, le canon de la ville commença
» avec la même force, les ennemis en firent de même et conti-
» nuèrent de tirer à boulets rouges ; mais, malgré tous leurs
» efforts, ils n'ont pas beaucoup endommagé la ville, n'y ayant
» eu que 3 à 4 maisons où leurs bombes ou pots à feu ayant
» fait quelque effet ; le feu ne prit en nul endroit et leurs ca-
» nons ne nous ont tué que 3 hommes. On ne croit pas en
» avoir perdu plus de 12 pendant tout le siége. On jeta sur
» l'ennemi quantité de bombes et on peut dire que Lorient doit
» en partie sa conservation à l'adresse et vigilance des canon-
» niers bombardiers de cette ville. On compte qu'il a été tiré de
» cette ville jusqu'à 4,000 coups de canons. Ce feu dura jusqu'à
» la nuit (³). »

« Il y eut une 15ᵉ d'hommes et de femmes et enfants tués ou
» blessés, une 20ᵉ de maisons, à la réserve de 2, peu endom-
» magées, ainsi que je l'ai vu par moi-même, de manière que

(¹) Manuscrit Barbarin
(²) Manuscrit Pontvallon-Hervoët.
(³) Manuscrit Barbarin.

» tout le dommage fait à la ville par les ennemis ne peut être
» estimé plus de 3,000ⱡ (¹). »

M. Mancel ajoute que « la porte de l'église fut enlevée. »

Nous sommes arrivé au point le plus important de notre récit, et, en l'abordant, nous ne pouvons nous défendre d'un sentiment de tristesse, celui que tout homme de cœur éprouve à rencontrer l'abaissement du caractère chez les mandataires de son pays.

Une bataille sous les murs de Lorient dans la journée du 7 octobre aurait été, sans aucun doute, couronnée de succès, et l'ennemi vaincu et mis en déroute aurait pu être fait prisonnier avant d'avoir rejoint ses vaisseaux. Nous avions alors 15,000 hommes, nos canons étaient nombreux et nos bombardiers excellents ; nos munitions étaient loin d'être épuisées. L'enthousiasme était à son comble. Encouragés par le combat du 6 et la supériorité de l'artillerie de la place, les soldats et la population demandaient à faire une sortie générale. Ils étaient résolus à verser jusqu'à la dernière goutte de leur sang pour la défense du sol de la patrie. Ils portaient haut et ferme la devise de leur chère Bretagne : *Potius mori quam fœdari*. Malheureusement le conseil de guerre avait une manière de voir toute différente, et, obéissant à d'autres inspirations que les troupes, il repoussa leur généreuse proposition.

Le bruit courut alors que les autorités voulaient livrer la ville. A cette nouvelle, des murmures se firent entendre et l'indignation fut grande. On accusa tout haut le conseil de lâcheté, on parla même de trahison. Sans doute exagérés, les soupçons du peuple n'étaient pourtant pas sans fondement.

Laissons parler le recteur de Pleucadec sur les faits douloureux qui terminèrent cette expédition :
» Sur les 3 heures de l'après-midi, (le 7 octobre) on assembla
» un conseil de guerre où il fut proposé de capituler et de rendre

---

(¹) Manuscrit Pontvallon-Hervoët.

» la ville et le port aux ennemis, pourvu que les troupes réglées
» eussent eu les honneurs de la guerre. On signa donc après
» bien des débats la capitulation qui portoit que *la ville seroit*
» *livrée à la discrétion des Anglois ; qu'on prioit seulement le*
» *général d'épargner la ville du pillage; mais qu'on ne partiroit*
» *point du port ni de la Compagnie.*

» La députation pour porter la capitulation étoit composée de
» M. l'Hospital, son principal auteur ; de M. d'Aigremont, capi-
» taine dans le régiment d'Haudicourt, et du marquis de Tinté-
» niac, qui jusque là s'étoit distingué par le zèle qu'il avoit fait
» paroître pour engager à faire de vigoureuses sorties. Il servoit
» d'aide-de-camp à M. de Volvire et on lui rend la justice de
» croire que l'obéissance avoit la plus grande part dans la triste
» démarche qu'on lui faisoit faire.

» Les officiers qui étoient d'avis contraire et ceux qui avoient
» parlé hautement, se retirèrent et plusieurs prirent des résolu-
» tions de se soustraire à une indigne capitulation et à d'autres
» extrémités violentes.

» Telle étoit la situation de cette malheureuse ville et de ses
» habitants, qui se voyoient sacrifiés à l'ennemi, n'y ayant aucun
» dommage à ses murs....

» Les députés arrivèrent donc sur les lieux sur les 9 heures du
» soir. Le drapeau fut arboré, la chamade battue, personne des
» ennemis ne se présenta. M. de l'Hospital sortit environ 100 pas
» hors de la portée du moulin. En vain un tambour rappela,
» aucun Anglois ne parut. Il s'imagina que c'étoit une ruse des
» Anglois. La frayeur le prit. On battit la générale et toutes les
» troupes restèrent toute la nuit sous les armes jusqu'à la pointe
» du jour, qu'il fut vérifié que les ennemis avoient abandonné
» leurs 4 canons et leur mortier, le tout encloué, et que ce grand
» feu qui avoit paru dans leur batterie sur les 9 heures du soir,
» étoit celui qu'ils avoient mis dans leurs magasins à poudre,
» situés au village de *Ker-roman*. J'ai vu la maison renversée et
» tous les fossés du camp criblés de coups de canons. A côté de la

» batterie de canon des Anglois, sur la droite, il y a un fossé où il
» paroit qu'il y en a eu beaucoup d'enterrés (¹). »

Le camp du *Moulin-des-Montagnes* était en effet désert, l'ennemi l'avait abandonné et s'était replié sur la flotte. Ce fait de l'assiégeant prenant la fuite à l'instant où l'assiégé vient offrir la capitulation, est peut-être unique dans les annales de la guerre.

Ayant déjà 900 hommes blessés et beaucoup de malades, manquant d'une artillerie suffisante pour entreprendre un siége, séparé de ses vaisseaux par une distance de trois lieues, inquiété par la direction et la violence du vent qui pouvait empêcher ou rendre dangereux le rembarquement de ses troupes, connaissant le nombre et l'enthousiasme des assiégés et croyant à des renforts arrivés dans la place, le lieutenant-général Jacques de Saint-Clair avait pris la résolution de battre immédiatement en retraite, et c'est ce qu'il fit avec précipitation le vendredi 7 octobre, sur les huit heures du soir, en entendant les bruits de la ville et le son de la charge battue par les tambours des grenadiers de Bessan, sur l'ordre, dit-on, du marquis de Tinténiac.

La nouvelle de ce brusque départ produisit à Lorient la joie la plus vive. La certitude de la délivrance succédait à l'attente de l'occupation.

Le 8, deux cents hommes, sous la conduite du chevalier de Kermain, se mirent à la poursuite de l'ennemi, qu'ils trouvèrent rangé en bataille sur les hauteurs du *Coïdo*, où il bivouaqua jusqu'au 9. Nos troupes n'osèrent l'attaquer.

L'armée anglaise se rembarqua tranquillement le lundi et resta à une portée de fusil de la côte jusqu'au lendemain, sans être inquiétée par les nôtres. Le comte de Volvire, dans la crainte d'une nouvelle descente, s'était formellement opposé à toute démonstration belliqueuse.

« Le mercredi, 12 octobre, dit M. Mancel, la flotte se porta à
» *Quiberon*. Les Anglais y débarquèrent, s'emparèrent de *Loc-*

(¹) Manuscrit Pontvallon-Hervoët.

» *maria,* brûlèrent deux ou trois hameaux, descendirent à *Houat*
» et *Hœdic;* puis, après une simple sommation à *Belle-Ile,*
» courageusement repoussée par le gouverneur, ils s'éloignèrent
» de nos côtes. »

Les vaisseaux ennemis mirent à la voile le 23 octobre pour l'Angleterre.

La levée du siége ayant paru « l'effet de la protection singu-
» lière de Dieu et de la sainte Vierge, » la ville décida qu'il y aurait messe solennelle et procession le 7 octobre de chaque année. Cette fête, dite *Fête de la victoire,* se célèbre toujours à Lorient.

Tandis que le roi de France, par son ordonnance du 14 novembre 1746, nommait le comte de Volvire, lieutenant-général de ses armées, le conseil de l'amirauté anglaise citait à sa barre les officiers commandant l'escadre et le corps expéditionnaire.

Voici, en effet, ce que nous lisons dans les journaux de l'époque :

« Le 5 novembre 1746, l'amiral Lestock, de l'escadre duquel
» on n'avoit point eu de nouvelles depuis qu'il avoit abandonné
» les côtes de Bretagne, rentra dans le port de *Spithead* avec
» sept vaisseaux de guerre. Le reste des vaisseaux de son escadre
» et la plupart des bâtiments de transport qu'il escortoit, ont été
» dispersés par la tempête ; plusieurs ont relâché dans divers
» ports d'Irlande, mais on est encore inquiet de quelques-uns.
» Selon le rapport fait aux commissaires de l'Amirauté par cet
» amiral, l'expédition dont le général Sinclair avoit été chargé
» n'a pu réussir, parce que la maladie s'étant mise parmi les
» troupes de débarquement, on n'en avoit pu faire descendre à
» terre que la moitié et que ce nombre n'avoit point suffi pour
» attaquer, dans les formes, la ville de *l'Orient.* On parle d'éta-
» blir un conseil de guerre pour examiner la conduite de ces
» deux officiers, et il paroit qu'en particulier on est fort mécon-
» tent de ce que le premier, n'ayant point assigné une certaine
» hauteur pour point de réunion aux bâtiments de la flotte,

» plusieurs, qui en ont été séparés par des coups de vents, ont
» été obligés de revenir en Angleterre. Les détachemens des
» régimens des gardes à pied et le régiment de fusiliers de
» Galles, qu'on avoit fait embarquer sur cette flotte, arrivèrent à
» Londres le 12. On croit que les autres troupes de débarque-
» ment, qui étaient à bord des navires de cette flotte arrivés en
» Irlande, prendront des quartiers d'hyver dans les environs de
» Cork et de *Bengfale* (¹). »

« Il seroit à souhaiter qu'on tirât le rideau sur cette expédition.
» Les amiraux se plaignent du général ; celui-ci se plaint de
» ses officiers ; les soldats et les matelots se plaignent les uns
» des autres. Il en résultera des procès, etc... Il est pourtant
» vrai qu'ils ont fait autant de ravage qu'ils ont pu sur les côtes
» où ils ont descendu ; mais, par malheur, ils n'ont pas pu
» beaucoup (²). »

Le contre-amiral Lestock et le général Jacques de Saint-Clair, accusés d'avoir mal conduit l'expédition confiée à leurs soins, furent traduits devant les tribunaux militaires de Sa Majesté britannique. Ils furent probablement condamnés ou disgraciés, car depuis cette époque ils ne reparaissent plus dans l'histoire d'Angleterre.

Ainsi se terminèrent la descente des Anglais en Bretagne et le siége de Lorient en 1746.

Si l'issue de l'entreprise fut heureuse pour la France, l'honneur du colonel de l'Hôpital et du comte de Volvire n'en sortit pas intact. La conduite de ces deux officiers n'a pas été ce qu'elle aurait dû être. La seule excuse qui puisse leur être

---

(¹) *Journal historique sur les matières du temps*, par C. J., tome LXI, janvier 1747, p. 58, 59, art. V, § VI.
(²) Le *Mercure historique et politique*, tome CXXI, novembre 1746, p. 586.

accordée et venir atténuer en partie la gravité de leurs fautes, c'est qu'ils ne fondaient aucune confiance sur les paysans et qu'ils avaient seulement 1,000 hommes de l'armée régulière. Quoi qu'il en soit, le système de temporisation et de prudence excessive qu'ils montrèrent pendant toute la durée du siége et le fatal projet de capitulation, dont la responsabilité doit être attribuée à eux seuls, n'étaient point de nature à leur attirer la sympathie des habitants et s'accordaient mal avec le nom et l'épée qu'ils portaient. L'historien impartial doit à sa conscience et à la vérité de porter sur eux ce jugement sévère, malgré les faveurs dont le roi les combla.

Nantes, 15 décembre 1869.

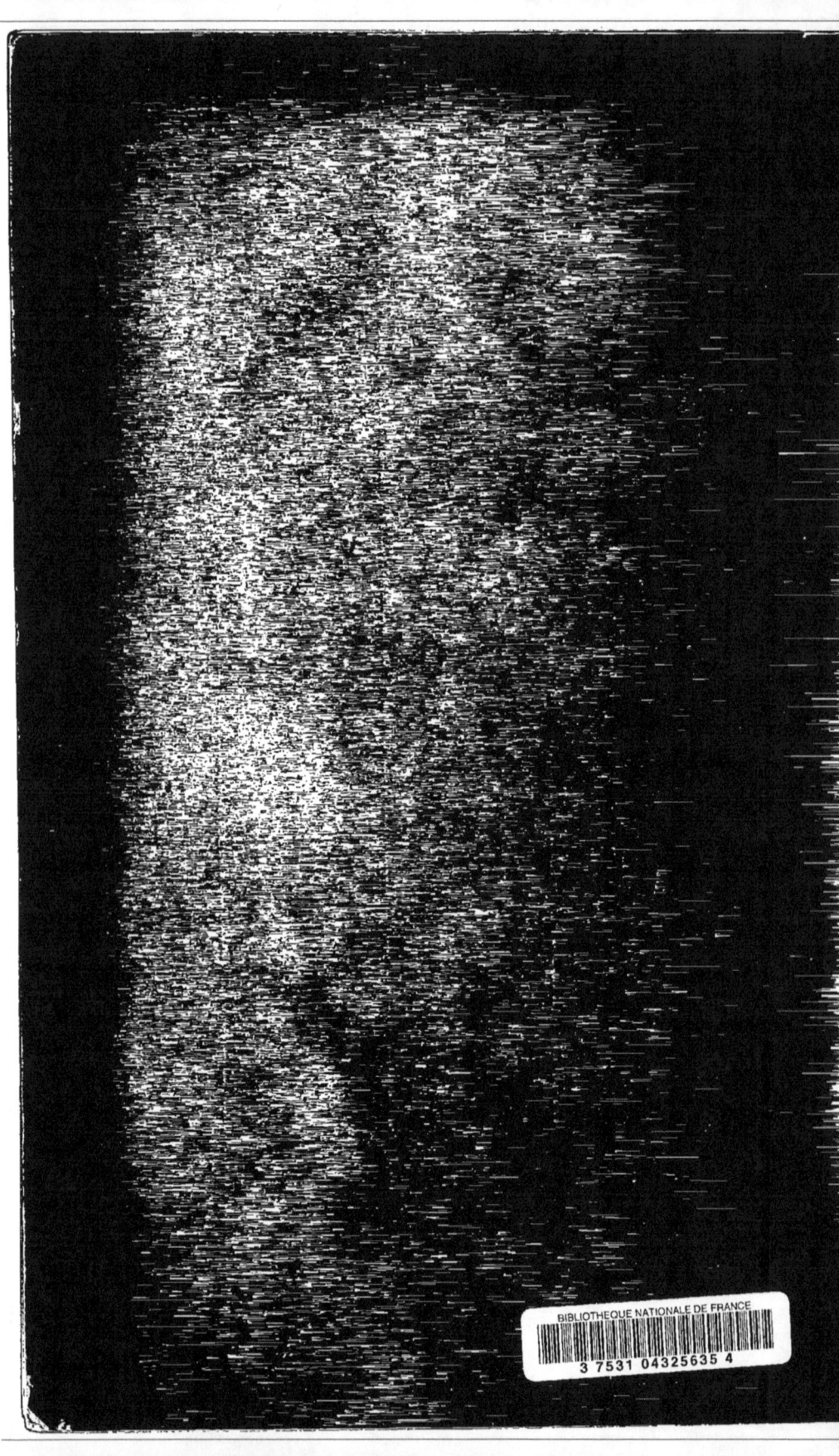

www.ingramcontent.com/pod-product-compliance
Lightning Source LLC
Chambersburg PA
CBHW061007050426
42453CB00009B/1303